「   」が

JN038312

新しい
お菓子の
作り方

DEL'IMMO　パティシエ・ショコラティエ

江口和明

KADOKAWA

今までのお菓子作りは
しなくていいことがたくさんあった。

だから
他のレシピは
気にしなくて
いい

！

僕の
レシピどおりに
作れば
成功するから

Contents

Staff

デザイン／植田光子
撮影／福尾美雪
構成・スタイリング／中田裕子
取材・文／三浦良江
調理アシスタント／大森美穂（DEL'IMMO）
校正／新居智子　根津桂子
編集／藤原民江（KADOKAWA）

材料について

卵
M〜Lサイズ（50〜60gが目安）。火を通
して使うことがほとんどですが、必ず新鮮
なものを用意しましょう。

バター
塩分が含まれていない「食塩不使用」のも
のを。パッケージに明記されています。

薄力粉
小麦粉の中でもキメが細かい薄力粉は、焼
き上がりに弾力が出て、粘りは出にくく、
お菓子作り向きです。

砂糖
基本はグラニュー糖（奥）を使用。高級な
味わいを出したいときはきび糖（右）、ク
ッキーなどには粉糖（左）を使用します。

ココアパウダー

焙煎したカカオ豆を粉砕したもの。濃いチョコレート色で、カカオの風味が濃厚なものを使用してください。

生クリーム

コクがありクリームの味わいが濃厚な動物性のものを。乳脂肪分はお菓子によって35〜36%、45〜47%を使い分けます。植物性のものやホイップクリームは避けます。

チョコレート

ビターチョコレートはカカオ分67%、ミルクチョコレートは同41%、ホワイトチョコレートは同37%で、カットされたものを本書では使用。植物油脂を含まない同程度のものを使ってください。

道具について

デジタルはかり

お菓子作りには正確な計量が大切。デジタル式の1g単位で計量できるものを使いましょう。

ハンドミキサー

泡立てる時間と労力をグンと軽減し、お菓子作りを楽しくしてくれます。重さや握りやすさを確かめて選んで。

粉ふるい

粉類をふるうときに使用。薄力粉は大きめのざるを、仕上げの粉糖は茶こしを使ってふるいます。

バット

生地を休ませたり、粉をまぶしたりするときなどに使用。ステンレス製の約20×25cmを用意しておくと便利です。

ボウル

直径20cmと26cmがあると便利。電子レンジにかける場合もあるので耐熱性のものを。

オーブンペーパー

生地を焼くときにケーキ型やオーブンの天板に敷いて使います。両面がシリコン加工されているものがおすすめ。

泡立て器

クリームを混ぜるときや気泡ができてもよい生地を混ぜるときに使用します。

口金・しぼり袋

ショートケーキなどにクリームをしぼるときの必需品。口金には丸口金、星口金、菊口金などがあります。しぼり袋は使い捨てのポリエチレン製が便利です。

ゴムベラ

ケーキの生地などを混ぜるときに使用。ヘラと持ち手が一体になったものが衛生的でおすすめ。耐熱性のものを。

めん棒
生地をのばすときの必需品。木製のほか、生地がくっつきにくいシリコン製もあります。

シフォン型
直径17cmの底取れ式を使用。アルミ製の、値段が手ごろなものでOK。

ケーキ型（丸）
直径15cmを使用。底が取れるタイプのほうができ上がったものをラクに取り出せます。

カヌレ型
1個ずつのほか、6個、9個、12個ずつ作れる型などがあります。フッ素樹脂加工がされたものが使いやすくておすすめ。

ケーキ型（スクエア）
18×18cmを使用。底が取れるタイプがおすすめです。

耐熱グラス
プリンなどを作るとき、容量150mlぐらいのものが1人分に便利。

パウンド型
7.5×17×高さ6cmを使用。ステンレス製のほか、内側にフッ素樹脂加工がされて取り出しやすいものなども。

シルパット
オーブンペーパーの代わりになり、クッキーなどを焼くときに生地を直接のせて焼くことが可能。繰り返し使用できます。

タルト型
直径18cmの底取れ式を使用。底が取れるタイプのほうがタルトなどを取り出すときに便利です。

作る前に大事な
4つのこと

1 材料を 計量する

正確な計量はお菓子作りの基本中の基本。最初に計量を済ませておき、手際よく使えるように準備しておきます。

2 バター、卵は 常温にもどす

冷蔵室から出したばかりのバターは冷たくてかたく、すぐに使うことができません。作り始める前に冷蔵室から出してやわらかくしておきます。レシピにより、電子レンジにかけて溶かしたり、スコーンのように冷たいまま使う場合も。卵は基本、常温にもどします。

これも忘れずに!

- 主に使用する材料については P14〜15でくわしく紹介しています。
- 電子レンジの加熱時間は 600W の場合です。
  機種によって加熱時間が異なる場合がありますので、様子を見ながら加減してください。
- オーブンは熱源の種類やメーカー、機種によって加熱時間が異なりますので、様子を見ながら加減してください。
- 型にオーブンペーパーを敷く場合は、作り始める前に敷いておきましょう。
  型の底のサイズに合わせてオーブンペーパーを切って敷き、
  側面には型の高さより少し高く切ったオーブンペーパーをぐるりと敷きます。
- 焼きたての型などを扱う場合は、オーブンミトンなどを使ってください。

3 粉類はふるう

薄力粉はざるでふるい、ダマが残ったら手でつぶします。薄力粉とココアパウダーなど、複数の粉を使う場合は一緒に3回ふるいます。

4 オーブンは +10℃で予熱

オーブンは焼き始めるときに十分に温まっていることが重要。ドアを一瞬開けるだけで温度が下がってしまうので、実際に焼く温度の＋10℃で予熱しておきます。また、オーブン内が2段の場合は下段に天板を入れて焼いてください。

クラシックショコラ

フワッと焼き上がって口どけ抜群。しかも、超濃厚。
チョコレートのおいしさを心ゆくまで楽しんでください。

江口シェフの作り方なら、 ＞ コレはしなくていい！

メレンゲ作りの砂糖は 3回に分けて 加えなくていい！

▼ なぜなら

一度に入れたほうが
実はしっとり仕上がります

生地の 混ぜすぎを 気にしなくていい！

▼ なぜなら

混ぜすぎても、
フワッと焼き上がるから
問題ありません

クラシックショコラの新しい作り方

材料：直径15cmの丸型〈底取れ式〉1台分
ビターチョコレート（67%）—— 40g
ミルクチョコレート（41%）—— 40g
バター（食塩不使用）—— 50g
生クリーム（35%）—— 60g
薄力粉 —— 20g
ココアパウダー —— 40g
卵 —— 3個
グラニュー糖 —— 100g

1 チョコレートを溶かし、バターと生クリームを温める

チョコレート2種は耐熱ボウルに入れてラップをかけ、電子レンジ（600W）で約30秒加熱して泡立て器で混ぜるを4〜5回繰り返して溶かす。バターと生クリームは耐熱容器に入れてラップをかけ、電子レンジで約30秒加熱を4〜5回繰り返し、バターを溶かす。薄力粉とココアパウダーは一緒に3回ふるう。

ここでオーブンを170℃に予熱開始

2 チョコレート、バター、生クリームを混ぜる

1の溶かしたチョコレートにバターと生クリームを少し加えて混ぜる。分離してもあわてず、さらに混ぜてマヨネーズのような乳化した状態になったら、残りのバターと生クリームをまた少し加えて混ぜ、つやが出たら残りをすべて加えて混ぜ合わせる。

卵黄と卵白を別々に泡立てているから
混ぜすぎても全然大丈夫だったでしょ*!?*

3 卵黄と卵白を それぞれ泡立てる

卵は卵黄と卵白に分けて
それぞれボウルに入れ
る。卵黄にグラニュー糖
50gを加え、ハンドミキ
サーで白くもったりする
まで泡立てる。卵白にも
グラニュー糖50gを加
え、ハンドミキサーで泡立ててゆるく角が立
つくらいのメレンゲにする。

4 合わせて焼く

混ぜすぎを恐れず、
生地を均一にしよう！

2に3の泡立てた卵黄を
加えてよく混ぜ、3のメ
レンゲを⅓量くらい加え
てしっかり混ぜる。1の
粉類を一気に加えてゴム
ベラで完全に混ぜ、残り
のメレンゲを加えてよく

混ぜる。オーブンペーパーを敷いた型に流し
入れ、160℃のオーブンで約45分焼く。粗
熱をとって型をはずし、冷めるまで常温にお
き、ペーパーをはがす。

ガナッシュをたっぷり入れて、より濃厚に*!*

ガナッシュショコラ

材料：直径15cmの丸型〈底取れ式〉1台分
クラシックショコラの材料（P22）—— 全量
〈ガナッシュ〉
ビターチョコレート（67%）—— 80g
生クリーム（35%）—— 80g

1 クラシックショコラ（P22〜23）を作っておく。

2 耐熱ボウルにガナッシュの材料を入れてラップをかけ、
電子レンジ（600W）で約30秒加熱を4〜5回繰り返し、
よく混ぜてチョコレートを溶かす。

3 *1*の中心をスプーンで軽く押しつぶし、*2*を流し入れて冷蔵室で冷やし固める。

ほんのり紅茶の後味がして上品

紅茶クラシックショコラ

材料：直径15cmの丸型〈底取れ式〉
　1台分
ビターチョコレート（67%）── 40g
ミルクチョコレート（41%）── 40g
バター（食塩不使用）── 50g
生クリーム（35%）── 100g
紅茶葉 ── 10g
薄力粉 ── 20g
ココアパウダー ── 40g
卵 ── 3個
きび糖 ── 100g
〈紅茶シロップ〉
　水 ── 100mℓ
　紅茶葉 ── 10g
　グラニュー糖またはきび糖 ── 30g

1　耐熱容器に生クリームと紅茶葉を入れてラップをかけ、
　電子レンジ（600W）で約1分加熱を2回繰り返す。ざるなどでこし、
　スプーンで押して紅茶液をしぼり、耐熱ボウルに入れる。

2　別の耐熱ボウルにチョコレート2種とバターを入れて
　ラップをかけ、電子レンジで約30秒加熱を
　4回繰り返してよく混ぜ、1に加えて混ぜる。

3　オーブンを170℃に予熱開始。薄力粉とココアパウダーは
　一緒に3回ふるい、クラシックショコラの作り方3（P23）で
　グラニュー糖の代わりにきび糖を使う。
　作り方3（P23）以降は同じ手順で生地を作って焼き上げる。

4　紅茶シロップは、小鍋に水を沸騰させて火を止め、紅茶葉を加え、
　ふたをして5分蒸らす。こして鍋に戻し、グラニュー糖を加えて
　沸騰させ、冷ます。焼き上がった3に塗ってしみこませる。
　食べるときに好みで泡立てた生クリーム（分量外）を添える。

パウンドケーキ

材料を次々混ぜて焼くだけで完成！
バターと卵の素朴な味わいで、食べ飽きません。

江口シェフの作り方なら、 ＞ コレはしなくていい！

バターと砂糖を
白っぽくなるまで
混ぜなくていい！

▼
▼ なぜなら
▼

卵を入れてからの
分離を
気にしなくていい！

▼
▼ なぜなら
▼

白くすることではなく、
バターの水分を
砂糖に吸わせることが
目的です

もし分離しても
迷わず粉を入れればOK。
混ぜすぎってくらい
混ぜて大丈夫です

パウンドケーキの 新しい作り方

材料：7.5×17×高さ6cmのパウンド型1台分
薄力粉 ── 100g
ベーキングパウダー ── 3g
バター（食塩不使用） ── 40g
グラニュー糖 ── 100g
卵 ── 2個

1 バターと砂糖を 混ぜる

薄力粉とベーキングパウダーは一緒に3回ふるう。バターはボウルに入れて簡単につぶせるくらいやわらかくしておき、ゴムベラで混ぜてなめらかにする。グラニュー糖を加え、バターの水分を吸わせながら混ぜる。

ここでオーブンを180℃に予熱開始

2 卵を加えて混ぜる

混ざり切ったときはかたいマヨネーズのような状態に

1のボウルに卵を割り入れ、ゴムベラで卵黄をつぶしながら混ぜ、途中で泡立て器に持ち替えて混ぜる（もしも卵を混ぜている途中でバターが分離してきたら、迷わずふるった粉類をすべて入れて混ぜる）。

バターと砂糖を一生懸命混ぜて
白くする必要なかったでしょう!?

3 粉類を加えて混ぜる

混ぜすぎを恐れず、生地を均一にしよう!

2にふるった粉類を加え、泡立て器で粉っぽさがなくなるまでよく混ぜる。

4 型に流して焼く

オーブンペーパーを敷いたパウンド型に3を流し入れる。台に軽く打ちつけて空気を抜き、ゴムベラで表面をならす。170℃のオーブンで約50分焼き、冷ます。冷めたら型をはずし、ペーパーをはがす。

レモンシロップとアイシングでさわやかな味に！

レモンケーキ

材料：7.5×17×高さ6cmの
　　パウンドケーキ1本分
パウンドケーキ（P28～29〈焼きたて〉）
　　── 1本
〈レモンアイシング〉
┊レモン果汁 ── 1個分
┊粉糖 ── 150g
〈レモンシロップ〉
┊グラニュー糖、水 ── 各25g
┊レモン果汁 ── 1個分

1 レモンアイシングの材料は泡立て器でよく混ぜる。
2 鍋にレモンシロップの材料を入れて沸騰させる。
3 パウンドケーキを逆さに取り出して
　　ケーキクーラーにのせ、オーブンペーパーをはがす。
　　熱いうちに底と側面に*2*をはけで塗り、しみこませる。
　　そのまま冷まし、*1*を底面にかけ、
　　200℃のオーブンで約1分加熱して乾燥させる。

香ばしさが増し、食感も楽しめます

ミックスナッツケーキ

材料：7.5×17×高さ6cmの
　　　パウンド型1台分
薄力粉 —— 80g
ベーキングパウダー —— 3g
ココアパウダー —— 20g
バター（食塩不使用） —— 40g
グラニュー糖 —— 100g
卵 —— 2個
ミックスナッツ —— 50g

1 薄力粉、ベーキングパウダー、
　ココアパウダーは一緒に3回ふるう。
2 パウンドケーキの作り方1～3（P28～29）の手順で生地を作り、
　ミックスナッツを好みの大きさに切って混ぜ、
　作り方4（P29）の手順で焼き上げる。

くるみとカシューナッツのミックスを使用。アーモンドなどが入っていてもOK。

The Arrange

バナナを1本まるごと、大胆に！
バナナケーキ

材料：7.5×17×高さ6cmの
　パウンド型1台分
パウンドケーキの材料（P28）── 全量
バナナ ── 1本
グラニュー糖（仕上げ用）── 適量

1　バナナは縦3等分にスライスする。
　外側の2枚はボウルに入れて泡立て器で軽くつぶす。
　パウンドケーキの作り方1（P28）で
　バターとグラニュー糖を混ぜたところに
　つぶしたバナナを加えて混ぜる。
　あとは同じ手順で生地を作って型に流し入れる。

2　残りのバナナを表面にのせ、グラニュー糖をふりかけ、
　作り方4（P29）の手順で焼き上げる。

ほんのりラム酒が香り、ワインのおともにも
ラムレーズンケーキ

材料：7.5×17×高さ6cmの
　　　パウンド型1台分
パウンドケーキの材料（P28）── 全量
ラムレーズン ── 50g
アーモンドスライス ── 5g

1 パウンドケーキの作り方*1〜3*（P28〜29）の手順で
　　生地を作り、ラムレーズンを混ぜて型に流し入れる。
2 表面にアーモンドスライスを散らし、
　　作り方*4*（P29）の手順で焼き上げる。

レーズンをラム酒に漬
けたラムレーズンは、
香りがよく、やわらか
くて使いやすい。

Caramel chiffon cake

キャラメル シフォンケーキ

シフォンケーキのフワッフワのもとは "油"。
その油を使わずに、弾力も口当たりも抜群に焼き上げます。
キャラメルソースを加えるので、うまみも十分。

江口シェフの作り方なら、 ⟩ コレはしなくていい！

メレンゲの砂糖は 分けて入れなくていい！

▼ なぜなら

一度に入れても十分泡立ち、
動かないほどかたい
メレンゲができます

油は 使わなくていい！

▼ なぜなら

ホワイトチョコレートに
含まれる油分が
油の役目をしてくれます

キャラメルシフォンケーキの新しい作り方

材料：直径17cmのシフォン型〈底取れ式〉1台分
薄力粉 —— 120g
ベーキングパウダー —— 3g
卵 —— 4個
グラニュー糖 —— 100g
ホワイトチョコレート —— 30g
水 —— 80g
〈キャラメルソース〉
生クリーム（35%） —— 60g
グラニュー糖 —— 50g

1 キャラメルソースを作る

生クリームは耐熱容器に入れてラップをかけ、電子レンジ（600W）で約30秒加熱する。小鍋にグラニュー糖の⅓量を入れて中火にかけ、鍋をゆすりながら溶かす。残りのグラニュー糖を2回に分けて加えて同様に溶かし、真ん中に小さな泡が集まったら、火を止める。キャラメル色になってきたら生クリームを少しずつ加えて混ぜ（はねることがあるので注意）、再び中火にかけて固まったところを溶かし、軽く沸騰したら火を止める。

2 メレンゲと生地のベースを作る

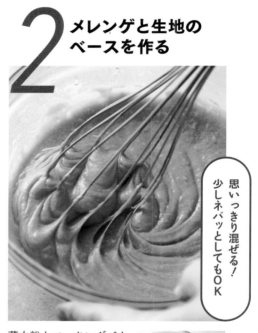

思いっきり混ぜる！
少しネバッとしてもOK

薄力粉とベーキングパウダーは一緒に3回ふるう。卵は卵黄と卵白に分け、卵白は大きめのボウルに入れ、グラニュー糖を一気に加えてハンドミキサーで泡立てる（動かないくらいかたいメレンゲが目標！）。耐熱ボウルにチョコレートと水を入れてラップをかけ、電子レンジで約30秒加熱を5〜6回繰り返し、チョコレートが溶けたらよく混ぜる。卵黄、1、ふるった粉類を加え、泡立て器で混ぜる。

ここでオーブンを180℃に予熱開始

サラダ油は必要なかったでしょ？
これ、家で作れたらサイコーですよ！

3 メレンゲと生地を合わせる

混ぜすぎを恐れず、
生地を均一にしよう！

メレンゲの一部を2の生地に加え、泡立て器で混ぜて全体になじませる。これをメレンゲのボウルに戻し、ゴムベラで下から上へすくい上げるように混ぜる。

4 型に流して焼く

3を型に流し入れ、型の底を台に数回打ちつける。竹串でクルクルと小さな円を描くように3〜4周混ぜる。170℃のオーブンで約50分焼き、焼き上がったら取り出して型ごとひっくり返し、粗熱をとる。十分に冷めたら型をはずし、底の型もナイフを入れてはずす。

キャラメルソースを抹茶に変えて
抹茶シフォンケーキ

材料： 直径17cmのシフォン型
〈底取れ式〉1台分
薄力粉 —— 100g
ベーキングパウダー —— 3g
抹茶パウダー —— 15g
卵 —— 4個
グラニュー糖 —— 100g
ホワイトチョコレート —— 30g
水 —— 80g

1 キャラメルシフォンケーキの作り方*2*（P36）からスタート。
薄力粉とベーキングパウダーをふるうとき、
抹茶パウダーも一緒に3回ふるう。
2 あとは同じ手順で生地を作って
（キャラメルソースは加えない）、焼き上げる。

プレーン生地とチョコ生地を半々に
マーブルチョコシフォンケーキ

材料：直径17cmのシフォン型
　　　〈底取れ式〉1台分
薄力粉 —— 120g
ベーキングパウダー —— 3g
卵 —— 4個
グラニュー糖 —— 100g
ホワイトチョコレート —— 30g
水 —— 80g
チョコレートシロップ —— 80g

1 キャラメルシフォンケーキの
　作り方2（P36）からスタート
　（キャラメルソースは加えない）。
　メレンゲと生地を合わせたら、半量をシフォン型に流し入れる。
2 残りの生地にチョコレートシロップを加えてよく混ぜ、
　1の上に流し入れる。竹串でクルクルと小さな円を描くように
　3〜4周混ぜてマーブル状にする。
3 170℃のオーブン（予熱は180℃）で約50分焼く。

Chocolate soufflé cheesecake

チョコスフレ チーズケーキ

なんと、チーズを使いません。なのにちゃんとチーズケーキの味わい。
油の役目をチョコレートにまかせて
きび糖で味わいを出すテクニックにも注目を。

江口シェフの作り方なら、 ≫ コレはしなくていい！

チーズを
使わなくていい！

▼▼ なぜなら

チーズはチョコに合う
ヨーグルトで、
ふくらませるために必要な
油分はチョコレートで代用

粉の混ぜすぎを
気にしなくていい！

▼▼ なぜなら

よく混ぜることが大切です。
しっかり混ぜれば
生地が均一になり、
ふっくら焼き上がります

チョコスフレ
チーズケーキの
新しい作り方

材料：直径15cmの丸型〈底取れ式〉1台分
ココアパウダー ── 20g
薄力粉 ── 30g
ミルクチョコレート（41%） ── 50g
卵 ── 3個
プレーンヨーグルト ── 200g
きび糖 ── 100g

1 チョコ生地を作る

ココアパウダーと薄力粉は一緒に3回ふるう。チョコレートは大きめの耐熱ボウルに入れてラップをかけ、電子レンジ（600W）で約30秒加熱して泡立て器で混ぜるを3〜4回繰り返して溶かす。卵は卵黄と卵白に分け、卵白を大きなボウルに入れておく。卵黄はチョコレートに加えてしっかり混ぜ、ヨーグルトも加えてよく混ぜる。ふるった粉類を加え、泡立て器で混ぜ残しがないようによく混ぜる。

ここでオーブンを160℃に予熱開始

2 メレンゲを ゆるめに泡立てる

> この泡立て加減も重要！

1の卵白にきび糖を加え、ハンドミキサーで角が立たない程度の少しやわらかめに泡立てる。ボウルを傾けるとゆっくり動く程度を目安に。

焼き上がりに表面が割れても
失敗じゃないからね。
それはそれでおいしいですから！

3 メレンゲと
チョコ生地を混ぜる

2 を *1* のチョコ生地に少し加えてよく混ぜ、*2* に戻し入れ、ゴムベラで生地を底から持ち上げるように色のムラがなくなるまでよく混ぜる。

4 オーブンで
湯せん焼きにする

オーブンペーパーを敷いた型に *3* を流し入れ、キメがそろうように竹串で30回ほどクルクルと混ぜる。オーブンの天板にひとまわり小さいバットを逆さにのせ、その上に型をのせる。天板に40℃ぐらいの湯を張って150℃で約30分焼き、140℃に下げて約60分焼く（途中湯が少なくなったら足し、最後まで湯がなくならないようにする）。冷めたら型をはずし、ペーパーをはがす。

甘酸っぱいソースをお好みの量どうぞ！

チョコスフレチーズケーキ ベリーソース

材料：直径15cmの
　　　チョコスフレチーズケーキ1個分
チョコスフレチーズケーキ（P42〜43）
　　─── 1個
〈ベリーソース・作りやすい分量〉
：冷凍ミックスベリー ─── 100g
：粉糖 ─── 30g
：レモン果汁 ─── 10g

1 ベリーソースの材料を混ぜ合わせ、
　 冷蔵室に30分以上入れてなじませる。

2 チョコスフレチーズケーキを切り分け、
　 ベリーソースを適量かける。

作っている途中から、甘い香りがたまらない！

シナモンバニラスフレチーズケーキ

材料：直径15cmの丸型〈底取れ式〉1台分
シナモンパウダー —— 適量
薄力粉 —— 50g
バニラビーンズ —— 好みで½本
　（バニラオイル少々で代用可）
ホワイトチョコレート —— 20g
プレーンヨーグルト —— 200g
卵 —— 3個
きび糖 —— 100g

1　シナモンパウダーと薄力粉は一緒に3回ふるう。
　　バニラビーンズはさやからこそげ取り、ヨーグルトに加える。
2　チョコレートは耐熱ボウルに入れてラップをかけ、
　　電子レンジ（600W）で約30秒加熱して混ぜるを
　　1〜2回して溶かす。
3　卵は卵黄と卵白に分け、卵白を大きなボウルに入れておく。
　　卵黄は2のチョコレートに加えて混ぜ、1のヨーグルト、
　　ふるった粉類を順に加えてそのつどよく混ぜる。
4　チョコスフレチーズケーキの
　　作り方2〜4（P42〜43）の手順で生地を作って焼く。

Sponge cake

スポンジケーキ

ショートケーキやロールケーキのベースになるのがスポンジケーキ。
フワッとしっとり、やさしい味に焼けるようになると
アレンジの楽しみも倍増します。

江口シェフの作り方なら、 ≫ コレはしなくていい！

卵と砂糖を泡立てるとき 湯せんにかけなくていい！

▼ なぜなら

温めると早く泡立つけれど
キメが粗くなりやすいから
湯せんは不要です

粉を数回に分けて 加えなくていい！

▼ なぜなら

卵を十分に
泡立てているから、
一度に入れて混ぜても
しぼみません

スポンジケーキの
新しい作り方

材料：直径15cmの丸型〈底取れ式〉1台分
卵 —— 3個
グラニュー糖 —— 90g
薄力粉 —— 70g
バター（食塩不使用）—— 15g
生クリーム（35%）—— 10g

1 卵をしっかり
泡立てる

大きめのボウルに卵を溶きほぐしてグラニュー糖を加え、ハンドミキサーの高速で5〜7分泡立てる。スピードを低速にして1〜3分泡立て、キメを整える。

2 薄力粉を一気に
加えてよく混ぜる

薄力粉はふるい、1に一気に加える。ボウルを奥から手前に回しながら、ゴムベラで底から持ち上げるように粉っぽさがなくなるまでよく混ぜる。

生クリームが入っているからしっとりしてるでしょう。
卵を湯せんにかけずに泡立てることが
キメのそろったスポンジを作るコツ。

3 バターと生クリームを加えて混ぜる

> バターが温まっているから混ざりやすい

バターと生クリームは耐熱ボウルに入れてラップをかけ、電子レンジ（600W）で約30秒加熱してバターを溶かし、2を少し加えて混ぜる。これを2に戻し入れ、再び底から持ち上げるようによく混ぜる。

ここでオーブンを180℃に予熱開始

4 型に流して焼く

オーブンペーパーを敷いた型に3を流し入れ、台に軽く数回打ちつけて生地を端まで行き渡らせる。170℃のオーブンで35〜40分焼く。焼き上がったら底を数回たたきつけ、衝撃を与えて縮みを防ぎ、型をはずして1〜2時間おく。完全に冷めたらペーパーをはがす。

スポンジケーキを華やかにデコレーション！

ショートケーキ

材料：直径15cmのスポンジケーキ1個分
スポンジケーキ（P48〜49）—— 1個
粉糖 —— 適量
〈デコレーション〉
生クリーム（45%）—— 400g
グラニュー糖 —— 30g
いちご —— 1〜2パック

1 スポンジケーキは上下を薄く
切り取り、厚みを3等分に切る
（厚さ1.5cmのバーで前後をはさみ、
バーに沿って切るとまっすぐに切れ
る）。

2 バットに粉糖を広げる。*1*を
重ね直し、側面を粉糖に当てて
前後に転がしてまぶす。

3 ボウルに生クリームとグラニュー糖を入れ、ハンドミキサーで
角が立つまで泡立て、星口金をつけたしぼり袋に入れる。いちご
はへたを切り取り、*2*のスポンジ生地1枚に6個のせ、間と真ん
中のあいているところにクリームをしぼる。中央にもいちごを3
個のせ、まわりのいちごの間と真ん中にもクリームをしぼる。

4 *3*にスポンジケーキ1枚をのせ、まな板などで軽く押さえて平らにする。
*3*のクリームを周囲、真ん中の順にしぼり、残りのスポンジケーキをのせ、
クリームをしぼって真ん中にいちごを飾る。

スポンジケーキの生地を型に流して平たく焼きます

ロールケーキ

材料：1本分
スポンジケーキの材料（P48）—— 全量
〈チョコクリーム〉
ホワイトチョコレート —— 70g
水あめ —— 10g
生クリーム（35%）—— 160g

1 スポンジケーキの作り方 *1〜3*（P48〜49）の手順で生地を作り、
　　オーブンペーパーを敷いたロールケーキ型（27×27cm）に
　　流し入れる。天板にのせ、180℃のオーブン（予熱は190℃）で
　　約20分焼き、型をはずして粗熱をとる。

2 耐熱ボウルにチョコクリームの材料（生クリームは半量）を
　　入れてラップをかけ、電子レンジ（600W）で約30秒加熱を
　　4回繰り返し、混ぜる。残りの生クリームを混ぜて
　　冷蔵室で2時間以上冷やし、かために泡立てる。

3 *1*のペーパーをはがし、焼き目を上にして
　　新しいペーパーにのせ、*2*を少し残して全体に塗る。
　　残りの*2*を手前に横長にのせ、ペーパーごと持ち上げて巻く。
　　前後の向きを反対にし、ケーキの下に定規などを当て、
　　下のペーパーを押さえながら定規をグッと押して生地を締め、
　　そのまま冷蔵室で冷やす。

巻かずにできるロールケーキです

あずきクリームロールケーキ

材料：1本分
スポンジケーキの材料（P48）—— 全量
〈チョコクリーム〉
　ホワイトチョコレート —— 70g
　水あめ —— 10g
　生クリーム（35%）—— 160g
ゆであずき（缶詰）—— 適量

1　ロールケーキの作り方*1*（P52）の手順で生地を焼き、
　型をはずして粗熱をとる。

2　作り方*2*（P52）の手順でチョコクリームを作り、
　丸口金をつけたしぼり袋に入れる。

3　透明フィルムを幅5cmに切って直径9cmほどの輪にし、
　セロハンテープで留める。*1*のペーパーをはがして
　4辺の端を少し切り落とし、幅3cmの帯状に切り、
　透明フィルムの輪に焼き目を内側にしてドーナツ状に入れる。
　真ん中に*2*をしぼり入れ、冷蔵室でよく冷やす。

4　フィルムをはずし、ゆであずきをかける。

Cream puff

シュークリーム

火を使わずに作れる画期的なレシピを考えました。
ハードルが高かったシュークリームが電子レンジ使いで手軽に作れるように！

江口シェフの作り方なら、 ▷ コレはしなくていい！

シュー生地を直火に
かけなくていい ！

▼ なぜなら

電子レンジでも
フワッとした生地が
作れます

カスタードクリームも
直火にかけなくていい ！

▼ なぜなら

これも電子レンジで
なめらかに
仕上げられます

シュークリームの新しい作り方

材料：約8個分

〈シュー生地〉

薄力粉 —— 60g

バター（食塩不使用） —— 50g

水 —— 80g

溶き卵 —— 2個分（110〜120g）

〈カスタードクリーム〉

薄力粉 —— 15g

卵黄 —— 2個分

グラニュー糖 —— 50g

牛乳 —— 150g

生クリーム（35%）—— 150g

粉糖 —— 適量

1 シュー生地を作る

生地をすくって二等辺三角形のような形になればバッチリ！

薄力粉はふるう。耐熱ボウルにバターと水を入れ、ラップをかけて電子レンジ（600W）で約90秒加熱し、バターを完全に溶かす。薄力粉を一気に加え、ゴムベラでよく混ぜる。再びラップをかけて電子レンジで約30秒加熱してしっかり混ぜるを2回繰り返す（かなり熱くなるのでやけどに注意を！）。溶き卵を½量加えてしっかり混ぜ、まとまったら残りを加えてよく混ぜる。

ここでオーブンを200℃に予熱開始

2 シュー生地を焼く

霧の水分が、生地がふくらむのを助けてくれる

オーブンの天板を裏返してシルパット（またはオーブンペーパー）を敷き、直径約5cmのコップなどの縁に薄力粉（分量外）をつけて8カ所跡をつける。1を丸口金をつけたしぼり袋に入れ、跡の大きさに合わせて丸くしぼり出し、霧吹きで生地の表面をぬらす。190℃のオーブンで約35分焼く（焼いている間、オーブンの扉は絶対に開けない！）。取り出して冷ます。

電子レンジで加熱時間や回数を守って作れば、
直火で感覚を頼りに作るよりも
失敗しませんからね。

3 カスタード クリームを作る

薄力粉はふるう。耐熱ボウルに卵黄とグラニュー糖を入れ、泡立て器ですり混ぜる。薄力粉を加えて粉っぽさがなくなるまで混ぜ、牛乳を一気に加えてしっかり混ぜる。ラップをかけ、電子レンジで約30秒加熱して泡立て器で混ぜるを7回繰り返し、プリッとした状態にする。ラップを敷いたバットに広げて上にもラップをぴったりかぶせ、冷蔵室で約30分冷やす。

4 クリームを しぼり入れる

生クリームはハンドミキサーで思いきりかたく泡立てる（ボソボソになってOK）。3をボウルに入れてゴムベラで弾力が出るまでほぐし、生クリームを加えて混ぜ、星口金を  つけたしぼり袋に入れる。シュー生地に包丁で斜めに切り目を入れ、切り口にクリームをたっぷりしぼり入れる。仕上げに茶こしで粉糖をふる。

これもレンジでOK。紅茶とシナモンの香りを楽しめます

チャイシュークリーム

材料：約8個分

シュー生地の材料（P56）── 全量
シナモンパウダー ── 1g
〈チャイクリーム〉
　水 ── 100g
　紅茶葉 ── 10g
　牛乳 ── 120g
　薄力粉 ── 15g
　卵黄 ── 2個分
　グラニュー糖 ── 50g
生クリーム（35%）── 150g
シナモンパウダー ── 適量

1 シュー生地の薄力粉はシナモンパウダーと一緒に3回ふるい、
シュークリームの作り方*1*、*2*（P56）の手順で生地を作って焼く。

2 チャイクリームの水は小鍋で沸騰させて紅茶葉を加え、
火を止めてふたをして5分蒸らす。
十分に色が出たら牛乳を加えて再び沸騰させ、
こして茶葉の水分もしぼる。液の量をはかり、
150g未満だったら牛乳（分量外）を足して150gにする。
冷めたら作り方*3*（P57）の牛乳の代わりに使い、
ほかは同じ手順で作って冷蔵室で約30分冷やす。

3 作り方*4*（P57）の手順で泡立てた生クリームと*2*を合わせ、
星口金をつけたしぼり袋に入れる。
*1*の底に口金を刺してクリームをしぼり入れ、上にも飾り、
茶こしでシナモンパウダーをふる。

ココアとビターチョコをプラス。深みのある大人っぽい味

ダブルチョコシュークリーム

材料：約8個分
〈シュー生地〉
薄力粉 —— 50g
ココアパウダー —— 10g
バター（食塩不使用）—— 50g
水 —— 80g
溶き卵 —— 2個分（110〜120g）
〈カスタードクリーム〉
薄力粉 —— 15g
卵黄 —— 2個分
グラニュー糖 —— 50g
牛乳 —— 150g
ビターチョコレート（67%）—— 40g
生クリーム（35%）—— 150g
ココアパウダー —— 適量

1 シュー生地の薄力粉はココアパウダーと一緒に3回ふるい、
　シュークリームの作り方1、2（P56）の手順で生地を作って焼く。

2 作り方3（P57）の手順でカスタードクリームの材料を
　加熱して混ぜ、熱いうちにチョコレートを加えて
　チョコレートが溶けるまでよく混ぜ、
　好みでチョコチップ適量（分量外）を混ぜ、
　ラップを敷いたバットに広げて上にもラップを
　ぴったりかぶせ、冷蔵室で約30分冷やす。

3 作り方4（P57）の手順で泡立てた生クリームと2を合わせ、
　丸口金をつけたしぼり袋に入れる。
　1に切り目を入れてクリームをしぼり、
　茶こしでココアパウダーをふる。

テリーヌショコラ

とろけるような口当たりのチョコスイーツが、手軽に作れます。
チョコレート好きならぜひ試してみてください。

江口シェフの作り方なら、 ▷ コレはしなくていい！

チョコレートは湯せんで溶かさなくていい！

▼ なぜなら

レンチンで問題なし！
ちゃんときれいに
溶けます

卵は温めなくていい！

▼ なぜなら

チョコレート、
きび糖、バターが
十分に温まっているから
常温のまま加えて大丈夫

テリーヌショコラの新しい作り方

材料：7.5×17×高さ6cmのパウンド型1台分

ビターチョコレート（67%）—— 125g

ミルクチョコレート（41%）—— 35g

きび糖 —— 60g

バター（食塩不使用）—— 110g

卵 —— 2個（約120g）

1 チョコレートを電子レンジにかける

耐熱ボウルにチョコレート2種、きび糖、バターを入れてラップをかけ、電子レンジ（600W）で約30秒加熱を5回繰り返して泡立て器で混ぜる。

2 泡立て器で混ぜる

1を泡立て器で混ぜて、溶け残りがないかどうか確認する。溶け残りがあったら電子レンジで約30秒加熱する。

ここでオーブンを170℃に予熱開始

とってもなめらかでおいしいでしょ!?
生地が温かいうちに焼くから
なめらかに仕上がるよ。

3 卵を加えて しっかり混ぜ切る

ここで完全に混ぜ切る！
これをしないと表面がへこみ、
口どけもイマイチに

2に卵を割り入れ、ツヤが出るまで十分に混ぜる。

4 型に流して オーブンで焼く

パウンド型にオーブンペーパーを敷き、3を流し入れる。台に軽く数回打ちつけて表面を平らにし、160℃のオーブンで20〜25分焼く。焼き上がったら粗熱をとり、冷蔵室で1時間ほど冷やす。型をはずしてペーパーをはがす。

ミルフィーユ

パリパリの生地となめらかなクリームのコントラストが絶妙。
カスタードクリームをサンドしてかわいらしいデザインにしました。

江口シェフの作り方なら、 ≫ コレはしなくていい！

パイ生地は作らなくていい！

▼▼ なぜなら

市販のパイシートを
のばして使えば十分

カスタードクリームは直火にかけなくていい！

▼▼ なぜなら

電子レンジのほうが
失敗なく作れます

ミルフィーユの
新しい作り方

材料：約5個分
〈パイ生地〉
冷凍パイシート（18×18cm）—— 2枚
粉糖 —— 約60g
〈カスタードクリーム〉
薄力粉 —— 15g
卵黄 —— 2個分
グラニュー糖 —— 30g
牛乳 —— 150g
バニラビーンズ —— 好みで¼本

1 冷凍パイシートを 焼く

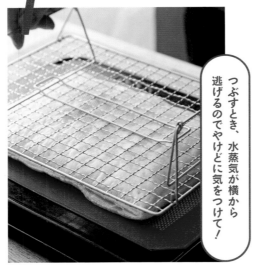

つぶすとき、水蒸気が横から逃げるのでやけどに気をつけて！

冷凍パイシートは解凍せず、凍ったまま使用。めん棒で約1.5倍の大きさにのばす。オーブンの天板を逆さにしてシルパット（またはオーブンペーパー）を敷き、パイシートをのせる。200℃のオーブンで約15分、ふくらむまで焼く。薄く焼き色がついたら取り出し、平らなもので強く押しつぶす。

始めにオーブンを210℃に予熱開始

2 粉糖をふって さらに焼く

粉糖約15gを茶こしに入れてパイ生地全体にふり、190℃のオーブンで約10分焼く。粉糖が溶けてキャラメル色になったら、粉糖約15gをふり、再び約10分焼く。同様にもう1枚焼き、しっかり冷ます。

粉糖をキャラメル化させるのでパイがパリパリに。
笑っちゃうほど
ダブルでサックサクでしょ！

3 カスタード
クリームを作る

薄力粉はふるう。耐熱ボウルに卵黄とグラニュー糖を入れ、泡立て器ですり混ぜる。薄力粉を加えて粉っぽさがなくなるまで混ぜ、牛乳、バニラビーンズをさやから出して加え、しっかり混ぜる。ラップをかけ、電子レンジ（600W）で約30秒加熱してゴムベラで混ぜるを7回繰り返し、プリッとした状態にする。ラップを敷いたバットに広げて上にもラップをぴったりかぶせ、冷蔵室で約30分冷やす。

4 パイに
クリームをはさむ

2の4辺をパン切り包丁で少しずつ切り落とし、約3.5×10cmにカットし、3枚1組にする。カスタードクリームを混ぜてほぐし、丸口金をつけたしぼり袋に入れ、パイ1枚にチョンチョンと2列しぼり出す。パイ1枚をのせてクリームを同様にしぼり、パイ1枚をのせる。残りも同様にする。

Lemon tart

レモンタルト

レモン2個分の果汁を使ったクリームは、さわやかでさっぱり。
あっさりしたスイーツが好みの方におすすめです。

江口シェフの作り方なら、 ≫ コレはしなくていい！

タルト生地は
焼かなくていい！

▼ なぜなら

砕いたクッキーに
チョコを混ぜれば、
生地に早変わり！

レモンクリームは
直火にかけなくていい！

▼ なぜなら

加熱は電子レンジで。
ちゃんとなめらかに
仕上がります

レモンタルトの 新しい作り方

材料：直径18cmのタルト型〈底取れ式〉1台分
〈タルト生地〉
市販クッキー —— 120g
ホワイトチョコレート —— 70g
〈レモンクリーム〉
卵 —— 2個
グラニュー糖 —— 90g
レモン果汁 —— 2個分
バター（食塩不使用） —— 150g

1 タルト生地を作る

生地にチョコを混ぜるとチョコの油分でクリームがしみ込まず、サクサクに！

ポリ袋にクッキーを入れて口を軽く閉じ、めん棒などで押して粉末状に砕く。チョコレートは耐熱ボウルに入れてラップをかけ、電子レンジ（600W）で約30秒加熱して泡立て器で混ぜるを2〜3回繰り返して溶かし、クッキーに加えてもみ混ぜる。タルト型に入れ、底が平らなコップで押して固める。まず真ん中を押し広げ、横に広がってきた分をコップで縁に押しつけながら、指で上を押さえる。冷凍室で完全に冷やし固める。

2 レモンクリームを作る

思いっきり混ぜる！少しネバッとしてもOK

耐熱ボウルに卵を割り入れ、グラニュー糖を加えて泡立て器で混ぜ、レモン果汁を加えてしっかり混ぜる。ラップをかけ、電子レンジで約30秒加熱して泡立て器で混ぜるを7回繰り返す。

オーブンなしでできるっていいでしょう！
簡単でおいしくて、
いいことしかないレシピだな（笑）。

3 バターを加えて冷やす

バターは1cm角に切り、2が熱いうちに加え、つぶしながら混ぜて溶かす。ボウルの底を氷水に当て、冷やしながら泡立て器で混ぜてなめらかにする。

4 レモンクリームを生地に流し入れる

3を1に流し入れ、冷蔵室で1時間以上冷やす。表面をさわってもクリームが手につかなくなればでき上がり。型をはずす。

生チョコタルト

とろけるようになめらかで、本格的な味わいのチョコタルトです。
濃厚なガナッシュは絶品のおいしさ！

江口シェフの作り方なら、	コレはしなくていい！
タルト生地は 焼かなくていい！	**生クリームは 鍋で温めなくていい！**
▼ なぜなら	▼ なぜなら

砕いてチョコレートを
混ぜたクッキーを
敷き詰めるだけでOK

チョコレートと一緒に
レンジにかけるだけです

生チョコタルトの新しい作り方

材料：直径18cmのタルト型〈底取れ式〉1台分
〈タルト生地〉
市販クッキー ── 120g
ビターチョコレート（67%）── 50g
〈ガナッシュ〉
ビターチョコレート（67%）── 240g
生クリーム（35%）── 200g
ココアパウダー ── 適量

1 タルト生地のクッキーを砕く

ポリ袋にクッキーを入れて口を軽く閉じ、めん棒などで押して粉末状に砕く。

2 チョコレートを混ぜて型に敷く

生地用のチョコレートは耐熱ボウルに入れてラップをかけ、電子レンジ（600W）で約30秒加熱して泡立て器で混ぜるを2〜3回繰り返して溶かし、1に加えてよく混ぜる。タルト型に入れ、底が平らなコップで押して固める。まず真ん中を押し広げ、横に広がってきた分をコップで縁に押しつけながら、指で上を押さえる。冷凍室で完全に冷やし固める。

From Eguchi

チョコのとろっとした口どけが最高！
生地のサクサク感と
絶妙なバランスですからね。

3 ガナッシュを作る

これをチンして混ぜれば最高のガナッシュができちゃう！

耐熱ボウルにガナッシュ用のチョコレートと
生クリームを入れてラップをかけ、電子レン
ジで約30秒加熱を4〜5回繰り返し、ゴムベ
ラで真ん中から少しずつ外側へ混ぜる。

4 ガナッシュを流して冷やし固める

2に3を流し入れ、台に軽く数回打ちつけて
ガナッシュを全体に均一に広げ、冷蔵室で
30分冷やす。表面をさわってもガナッシュ
が手につかなくなればでき上がり。型をはず
し、全体に茶こしでココアパウダーをふる。

Chocolate macaron

チョコマカロン

通常のレシピとは違う、プロの簡単テクニックを公開！
マカロナージュをしない、乾燥させない、混ぜて焼くだけで本格的なマカロンに。

江口シェフの作り方なら、 ≫ コレはしなくていい！

マカロナージュ しなくていい！

▼ なぜなら

メレンゲを
分けて加えれば、
ふつうに混ぜても
大丈夫です

焼く前に 乾燥させなくていい！

▼ なぜなら

低温でゆっくり焼けば、
乾燥させなくても
ヒビが入りません

チョコマカロンの新しい作り方

材料：約30個分
〈マカロン生地〉
アーモンドパウダー —— 85g
ココアパウダー —— 10g
粉糖 —— 95g
卵白 —— 2個分
グラニュー糖 —— 60g
〈ガナッシュ〉
ビターチョコレート（67%）—— 100g
牛乳 —— 100g

1 マカロン生地を作る

アーモンドパウダー、ココアパウダー、粉糖は一緒に3回ふるってボウルに入れる。卵白1個分を加え、ゴムベラで混ぜてペースト状にする。手でさわってもつかなくなればOK。ラップをかけておく。

ここでオーブンを150℃に予熱開始

2 メレンゲを作る

メレンゲのかたさが失敗しないポイント！

沸騰した湯を耐熱ボウルに入れる。別の耐熱ボウルに残りの卵白とグラニュー糖を入れ、湯を入れたボウルにのせてハンドミキサーで泡立てる（熱がやさしく伝わり、目が詰まってツヤがあり、ボウルを傾けても動かないくらい密度の高いメレンゲができる）。

From Eguchi

おうちでマカロンを作ってくれたら
本気度が伝わるよね！
この作り方ならうまくできそうでしょ！？
きっと「マカロン作れる！」って
自慢できるようになるよ。

3 生地を仕上げて焼く

混ぜすぎを恐れず、
生地を均一にしよう！

メレンゲの一部を **1** に加えて混ぜ、なじんだら残りのメレンゲを加えてしっかり混ぜる。オーブンの天板を逆さにし、ペットボトルのふたで印をつけた紙を敷き、シルパット（またはオーブンペーパー）をのせる。生地を直径9mmの丸口金をつけたしぼり袋に入れ、印に合わせてしぼり出す。140℃のオーブンで15～18分、5分おきに3回扉を開けて蒸気を逃がしながら焼く。残りの生地も同様に焼き、冷ます。

4 ガナッシュをはさむ

ガナッシュの材料を耐熱ボウルに入れてラップをかけ、電子レンジ（600W）で約30秒加熱を4回繰り返して混ぜる。バットに広げ、冷蔵室で30分～1時間、しぼれるかたさになるまで冷やす。直径9mmの丸口金をつけたしぼり袋にガナッシュを入れ、2枚1組にした **3** にしぼってサンドする。

グリーンのマカロンといちご入りガナッシュで色鮮やかに

抹茶いちごマカロン

材料：約30個分

〈マカロン生地〉

アーモンドパウダー —— 90g

抹茶パウダー —— 8g

粉糖 —— 95g

卵白 —— 2個分

グラニュー糖 —— 60g

〈ガナッシュ〉

ホワイトチョコレート
—— 250g

牛乳 —— 60g

抹茶パウダー —— 10g

フリーズドライいちご
（フレーク）—— 5g

1 マカロン生地はアーモンドパウダー、抹茶パウダー、粉糖を一緒に
3回ふるい、チョコマカロンの作り方1〜3（P78〜79）の手順で焼く。

2 ガナッシュはチョコレートと牛乳を耐熱ボウルに入れて
ラップをかけ、電子レンジ（600W）で約30秒加熱を4回繰り返して
泡立て器で混ぜる。チョコレートが溶けたら一部を別のボウルに
取り出して抹茶パウダーを混ぜ、きれいに混ざったら元のボウルに戻し、
フリーズドライいちごを加えてしぼれるかたさになるまで冷やす。

3 焼いた生地に2をしぼってサンドする。

色も鮮やかなフリーズ
ドライいちご。お菓子
のトッピングなどにも
便利。

オレンジピール入りのガナッシュをサンド

オレンジチョコマカロン

材料：約30個分
〈マカロン生地〉
　アーモンドパウダー —— 85g
　ココアパウダー —— 10g
　粉糖 —— 95g
　卵白 —— 2個分
　グラニュー糖 —— 60g
〈ガナッシュ〉
　ビターチョコレート（67%） —— 100g
　牛乳 —— 100g
　オレンジピール —— 40g

1 マカロン生地はチョコマカロンの
　作り方 *1〜3*（P78〜79）の手順で焼く。

2 ガナッシュは作り方 *4*（P79）と同様に
　細かく刻んだオレンジピールも入れて作り、
　しぼれるかたさになるまで冷やす。

3 焼いた生地に *2* をしぼってサンドする。
　好みで刻んだオレンジピール（分量外）を飾る。

ディアマン

ザクザクッとした食感がたまらないハードクッキー。
フルールドセルという細かい粒状の塩を使うのがポイントで、
甘さの中のほのかな塩味があとをひくおいしさ！

江口シェフの作り方なら、 ≫ コレはしなくていい！

バターと砂糖を すり混ぜなくていい！

▼ なぜなら

バターの水分を
砂糖に吸わせるように
混ぜるだけで十分です

砂糖をまぶす前に 水をつけなくていい！

▼ なぜなら

余分な水分は不要。
水は塗らなくても
砂糖は直につきます

ディアマンの 新しい作り方

材料：約16個分
バター（食塩不使用） —— 60g
粉糖 —— 40g
卵黄 —— 1個分
フルールドセル —— 2g
薄力粉 —— 100g
アーモンドパウダー —— 25g
グラニュー糖 —— 適量

1 バター、粉糖、卵黄、塩を混ぜる

ここでフルールドセル。味の決め手です！

バターは冷蔵室から出してやわらかくしておき、大きめのボウルに入れる。粉糖を加え、ゴムベラで混ぜてなめらかにし、卵黄とフルールドセルを加えて混ぜる。

2 粉類を加えて混ぜる

薄力粉とアーモンドパウダーは一緒に3回ふるい、1に加えてゴムベラで混ぜる。全部がまとまって手でさわってもベタつかず、ボウルもきれいになったら混ぜ終わり。

ザクザク感が最高。
何枚も食べたくなっちゃうでしょ*!?*
フルールドセルがいい仕事してるんです。

3 棒状にして冷やし、砂糖をまぶす

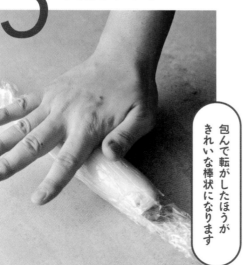

包んで転がしたほうが
きれいな棒状になります

2を棒状にのばしてラップで包み、手のひらで前後に転がして直径約3cmにし、冷蔵室で約30分冷やす。十分にかたくなったらラップをはずし、グラニュー糖を広げたバットに入れ、転がしてまぶす。

冷やすときにオーブンを170℃に予熱開始

4 切り分けて焼く

3を約1.5cm幅に切り、オーブンペーパーを敷いた天板に並べ、160℃のオーブンで約20分焼く。

ナッツの香ばしさは軽い生地と相性バツグン

アーモンドココアディアマン

材料：約16個分
アーモンドスライス —— 50g
バター（食塩不使用）—— 60g
粉糖 —— 40g
卵黄 —— 1個分
フルールドセル —— 2g
薄力粉 —— 80g
ココアパウダー —— 20g
アーモンドパウダー —— 25g
グラニュー糖 —— 適量

1 アーモンドスライスは
オーブントースターで軽く焼く。
2 薄力粉、ココアパウダー、
アーモンドパウダーは一緒に3回ふるう。
ディアマンの作り方1、2（P84）の手順で
生地を作り、アーモンドスライスを混ぜる。
3 作り方3、4（P85）と同様に成形して焼く。

グリーンが鮮やかな抹茶入り。さっぱりした味わいに

抹茶ディアマン

材料：約16個分
バター（食塩不使用）—— 60g
粉糖 —— 40g
卵黄 —— 1個分
フルールドセル —— 2g
薄力粉 —— 90g
抹茶パウダー —— 5g
アーモンドパウダー —— 25g
グラニュー糖 —— 適量

1 薄力粉、抹茶パウダー、
アーモンドパウダーは一緒に3回ふるい、
ディアマンの作り方1、2（P84）の
手順で生地を作る。
2 作り方3、4（P85）と同様に成形して焼く。

生地の塩けとチョコチップの甘さが合います

チョコチップディアマン

材料：約16個分
バター（食塩不使用）—— 60g
粉糖 —— 40g
卵黄 —— 1個分
フルールドセル —— 2g
薄力粉 —— 100g
アーモンドパウダー —— 25g
チョコチップ —— 30g
グラニュー糖 —— 適量

1 ディアマンの作り方1、2（P84）の手順で
生地を作り、チョコチップを混ぜる。
2 作り方3、4（P85）と同様に成形して焼く。

フロランタン

かための生地、スライスアーモンド、そしてキャラメルの組み合わせが絶妙。
噛むほどに深まる味わいと香ばしさを、ぜひおうちで味わって！

江口シェフの作り方なら、 ≫ コレはしなくていい！

焼く前に生地に
穴を開けなくていい！

▼ なぜなら

卵白を入れない生地だから
水分が少なく、
穴を開けなくても
デコボコになりません

キャラメル色に
しなくていい！

▼ なぜなら

オーブンで焼いて
キャラメル色にするので、
砂糖を溶かすときは
薄い茶色でOK

フロランタンの新しい作り方

材料：18×18cmのスクエア型〈底取れ式〉1台分
〈クッキー生地〉
　バター（食塩不使用）── 50g
　薄力粉 ── 100g
　粉糖 ── 40g
　卵黄 ── 1個分
〈キャラメルアーモンド〉
　グラニュー糖 ── 30g
　バター（食塩不使用）── 20g
　はちみつ ── 25g
　生クリーム（35%）── 30g
　アーモンドスライス ── 40g

1 クッキー生地を作る

手に生地がくっつかなくなるまで混ぜよう

バターはやわらかくする。薄力粉はふるう。ボウルにバターを入れ、ゴムベラで混ぜてなめらかにする。粉糖を一度に加え、バターの水分を吸わせるように混ぜる。卵黄を加えて混ぜ、なじんだら薄力粉を加えて混ぜ、粉気がなくなって手につかなくなったら、正方形にまとめてラップに包み、冷蔵室で約2時間冷やす。

冷やし終わったらオーブンを170℃に予熱開始

2 クッキー生地を焼く

1のラップをはずしてオーブンペーパーではさみ、めん棒で2〜3mm厚さの正方形にのばす。スクエア型の底板を当てて生地を切り取り、底板ごとひっくり返して型に入れる。逆さにしたオーブンの天板に型をのせ、160℃のオーブンで約15分焼く。

オーブンを180℃に予熱開始

おつかれさま！
かじると「カリッ」といい音するでしょ？
プレゼントしても絶対喜ばれます。

3 キャラメルアーモンドを作る

鍋にグラニュー糖、バター、はちみつを入れて強火にかけ、ゴムベラで混ぜながら加熱する。グラニュー糖が完全に溶けたら生クリームを加えてよく混ぜ、全体に完全に沸

いて飴状になったら火を止める。アーモンドスライスを加え、からめるようにしっかり混ぜる。

4 焼く

きれいなキャラメル色を焼き上がりの目安に！

3を2にのせてゴムベラで全体に広げ、170℃のオーブンで20〜25分焼く。温かいうちに型から取り出し、ほんのり温かいうちにひっくり返して裏側から切り分ける。

The
Arrange ↱

ごまをプラスして香ばしさのバリエーションを
セサミフロランタン

材料：18×18cmのスクエア型〈底取れ式〉1台分
〈クッキー生地〉
フロランタンのクッキー生地の材料（P90）—— 全量
〈キャラメルアーモンド〉
グラニュー糖 —— 30g
バター（食塩不使用）—— 20g
はちみつ —— 25g
生クリーム（35%）—— 30g
アーモンドスライス —— 40g
白いりごま —— 5g

フロランタンの作り方3（P91）でアーモンドスライスと一緒に
白ごまを加える。ほかは同様に作る。

クッキー生地にココアを加え、ちょっぴりほろ苦く
ココアフロランタン

材料：18×18cmのスクエア型〈底取れ式〉1台分
〈クッキー生地〉
バター（食塩不使用）—— 50g
薄力粉 —— 85g
ココアパウダー —— 15g
粉糖 —— 40g
卵黄 —— 1個分
〈キャラメルアーモンド〉
フロランタンのキャラメルアーモンドの
材料（P90）—— 全量

ココアパウダーは薄力粉と一緒に3回ふるっておき、
フロランタンの作り方1（P90）で同様に加える。
あとは同様に作る。

ブラウニー

ビターチョコレートに合うブラウンシュガーを使って
食べごたえのある生地に仕上げます。
ナッツはお好みのものをどっさりトッピングしてください。

江口シェフの作り方なら、 ≫ コレはしなくていい！

バターもチョコも
湯せんで
溶かさなくていい！

▼ なぜなら

電子レンジにかければOK。
バターは常温にもどす
必要もなし！

粉を加えてからの
混ぜすぎを
気にしなくていい！

▼ なぜなら

しっかり混ぜて
混ぜ残しがないように
することが大事です

ブラウニーの
新しい作り方

材料：18×18cmのスクエア型〈底取れ式〉1台分
ビターチョコレート（67%）—— 100g
ブラウンシュガー —— 200g
バター（食塩不使用）—— 180g
卵 —— 3個
薄力粉 —— 85g
好みのナッツ（くるみ、カシューナッツなど）
　　　　—— 80g

1 チョコレートを
レンジで溶かす

大きめの耐熱ボウルにチョコレート、ブラウンシュガー、バターを入れてラップをかけ、電子レンジ（600W）で約30秒加熱を6〜7回繰り返して溶かす。溶け残りがないように泡立て器でよく混ぜる。

ここでオーブンを180℃に予熱開始

2 チョコレートに
卵を混ぜる

思いっきり混ぜる！
少しネバッとしてもOK

卵を割って1に加え、泡立て器で混ぜる。初めは分離した状態になるが、混ぜるうちにきちんと乳化するので、ツヤが出てなめらかになるまで混ぜ続ける。

分離したかな？と思っても
混ぜ続けるとなめらかになるから
大丈夫だったでしょ？

3 ふるった薄力粉を混ぜる

混ぜすぎを恐れず、生地を均一にしよう！

薄力粉をふるって2に加え、泡立て器で混ぜる。混ぜ残しがないように底や側面をこそげながら混ぜ、きれいなツヤのある状態になったら混ぜ終わり。

4 型に流して焼く

オーブンペーパーを敷いた型に3を流し入れ、台に軽く数回打ちつける。ナッツは大きければ手で割り、生地全体に散らし、170℃のオーブンで約50分焼く。粗熱がとれてから型をはずし、ペーパーをはがす。

仕上げにマーマレードジャムを塗って甘酸っぱく

ジャムブラウニー

材料：直径15cmの丸型〈底取れ式〉1台分
ビターチョコレート（67%）―― 100g
ブラウンシュガー ―― 200g
バター（食塩不使用） ―― 180g
卵 ―― 3個
薄力粉 ―― 85g
マーマレードジャム ―― 適量

1 ブラウニーの作り方 1～4（P96～97）の手順で
　生地を作って型に流し（ナッツは散らさない）、
　170℃のオーブンで65～70分焼く。

2 型をはずして冷まし、ペーパーをはがして
　表面にマーマレードジャムを塗る。
　※いちごジャムなど好みのフルーツジャムや、
　ピーナッツバターを塗ってもOK。

冷凍フルーツをトッピング。バナナの薄切りなどでも◎

ベリーブラウニー

材料：18×18㎝のスクエア型
　　〈底取れ式〉1台分
ビターチョコレート（67%）—— 100g
ブラウンシュガー —— 200g
バター（食塩不使用）—— 180g
卵 —— 3個
薄力粉 —— 85g
冷凍ミックスベリー —— 120g

1 ブラウニーの作り方 *1*〜*4*（P96〜97）の手順で
　生地を作って型に流し（ナッツは散らさない）、
　冷凍ミックスベリーを表面全体に散らす
　（いちごは沈みやすいので、半解凍して縦3等分に切る）。

2 170℃のオーブンで60分以上、表面が乾燥し、
　竹串を刺してみて生地がつかなくなるまで焼く。
　粗熱がとれてから型をはずし、ペーパーをはがす。

スコーン

大好きなスコーンだけど作れなさそうと思っているあなたに、おすすめのレシピを。
焼きたてをそのままはもちろん、ジャムとバターをはさんで食べるのもおいしい。

江口シェフの作り方なら、 ≫ コレはしなくていい！

粉とバターを手で
すり混ぜなくていい！

▼ なぜなら

バターを散らすように
混ぜるだけでいいんです

型で
抜かなくていい！

▼ なぜなら

ナイフでカットすれば十分。
型抜き後の
生地が残らないし、
ムダなく使えます

スコーンの
新しい作り方

材料：8個分
薄力粉 —— 200g
ベーキングパウダー —— 12g
バター（食塩不使用） —— 50g
きび糖 —— 30g
卵 —— 1個
牛乳 —— 20g
プレーンヨーグルト —— 30g
卵黄（または牛乳） —— 適量

1 粉とバターを混ぜる

バターを全体に分散させよう！

薄力粉とベーキングパウダーは一緒に3回ふるい、大きめのボウルに入れる。冷蔵室から出したばかりの冷たいバターを1cm角に切って加え、粉全体に散るようにゴムベラで混ぜる。

2 生地を仕上げて
休ませる

1にきび糖を加えて混ぜ、卵を直接割り入れて混ぜる。牛乳、ヨーグルトも加え、ゴムベラで混ぜる。粉っぽさがなくなってひとまとまりになったら、ラップに包んで冷蔵室で30分～1時間休ませる。

ここでオーブンを180℃に予熱開始

From Eguchi

意外と簡単にできたでしょ？
サックサクのできたて、
作った人しか食べられないですから！

3 生地を重ねてのばす

重ねることでバターが細かい層に。
ただし、やりすぎもNG！

強力粉少々（分量外）を台にふり、2の生地をのせて手で四角く押し広げる。縦半分に切り、粉をはらって重ね、めん棒で四角くのばす。これを合計4回繰り返す。

4 カットして焼く

生地を厚さ約2cmの正方形にのばし、8等分の三角形にカットする。オーブンの天板を裏返してオーブンペーパーを敷き、生地を並べる。表面に溶きほぐした卵黄を塗り、170℃のオーブンで約20分、きれいな焼き色がつくまで焼く。

フルーツを加えるならドライフルーツがおすすめ

クランベリースコーン

材料：8個分
スコーンの材料（P102）—— 全量
ドライクランベリー —— 40g
卵黄（または牛乳）—— 適量

1 スコーンの作り方 *1*〜*3*（P102〜103）の手順で生地を作って
　休ませ、生地を重ねてのばす。
　3回目、4回目のときにクランベリーを半量ずつ加えて
　全体に行き渡るようにのばす。

2 *1*を厚さ約2cmの正方形にのばして8等分の四角形に切り、
　作り方 *4*（P103）の手順で焼く。

香りを楽しめる紅茶の葉を生地に混ぜ込みます

アールグレイスコーン

材料：8個分
スコーンの材料（P102）── 全量
紅茶葉（アールグレイ）── 6g
卵黄（または牛乳）── 適量

1 薄力粉とベーキングパウダーは一緒に3回ふるい、
   紅茶葉を加える。
2 スコーンの作り方 *1*（P102）の手順で
   紅茶葉も入った生地を作り、
   作り方 *2*、*3*（P102〜103）の手順で生地を仕上げる。
3 直径6cmの丸い型で抜く。残った生地は重ねず、
   寄せるように1つにまとめてまた型で抜く。
   最後に残ったものは丸める。
4 作り方 *4*（P103）の手順で焼く。

Canelé chocolat

カヌレショコラ

まわりはカリッとして中はもっちりしたカヌレを
濃厚なチョコレート味に。
細かいこだわりは気にせず、家でバッチリ再現できるレシピです。

江口シェフの作り方なら、 ＞ コレはしなくていい！

生地をひと晩 寝かせなくていい！

▼ なぜなら

家庭で作る量なら
冷蔵室で2時間
冷やせばOK。
芯まで冷やすのが
目的です

型に蜜ろうを 塗らなくていい！

▼ なぜなら

パリッと焼けると
いわれるけれど、
はちみつとバターで
代用すれば十分です

カヌレショコラの
新しい作り方

材料：カヌレ型12個分
牛乳 —— 500g
バター（食塩不使用） —— 20g
薄力粉 —— 110g
ココアパウダー —— 30g
グラニュー糖 —— 150g
卵 —— 2個
ラム酒 —— 50g
〈型用〉
バター（食塩不使用） —— 30g
はちみつ —— 30g

1 牛乳とバターを沸かしてから冷やす

しっかり沸かして冷やすと焼くときに生地が飛び出しにくいです

鍋に牛乳とバターを入れて完全に沸かす。火からおろし、鍋の底を氷水に当ててゴムベラで混ぜながら冷やす。薄力粉とココアパウダーは一緒に3回ふるう。

2 グラニュー糖、粉類、卵を混ぜる

ボウルにグラニュー糖を入れ、1の粉類を加えて泡立て器で混ぜる。卵を割り入れて真ん中から少し混ぜたら、1の牛乳液の半量を加えて混ぜる。

もうこれ、店で買わなくてよくなりますね*!?*
このレシピなら最小限の材料で
無理なく、おいしく作れます。

3 生地を冷やし、常温にもどして裏ごしする

なじんだら、*1*の残りの牛乳液を加えてよく
混ぜる。ラム酒も混ぜ、ラップをかけて冷蔵
室で2時間以上冷やす。十分に冷えたら、冷
蔵室から出して30分おいて常温にもどし、
生地を裏ごしする。

**常温にもどすとき、
オーブンを260℃に予熱開始**

4 カヌレ型に流して焼く

型用のバターは冷蔵室から出してやわらかく
し、フッ素樹脂加工のカヌレ型に塗り、縁に
はちみつを塗る。*3*を注ぎ口のある容器に移
して型の8分目ぐらいまで入れる。250℃の
オーブンで約15分焼き、200℃に下げて約
35分焼く。取り出してまな板などをかぶせ
てひっくり返し、型をはずす。

卵プリン

ちょっとかためで卵の風味たっぷりの、ホッとする味。
簡単に作れるプリン液でプロの味を楽しみましょう。
プリン液を裏ごしする、このひと手間は惜しまないで！

江口シェフの作り方なら、　　コレはしなくていい！

キャラメルの砂糖は
混ぜて溶かさなくていい！

▼ なぜなら

水を加える前に混ぜると
ゴムベラについた
砂糖が溶けなくなるから
混ぜないことが大切

最初に卵と砂糖を
すり混ぜなくていい！

▼ なぜなら

プリン液は
電子レンジで作るから、
この手間はいりません

卵プリンの新しい作り方

材料：直径8×高さ7cmの耐熱グラス4個分
〈プリン液〉
卵 —— 6個
牛乳 —— 200g
生クリーム（35%）—— 100g
きび糖 —— 100g
バニラビーンズ —— 好みで½本
〈キャラメル〉
グラニュー糖 —— 50g
水 —— 45g

1 キャラメルを作る

水を入れるとはねるから気をつけて！

鍋にグラニュー糖を入れて弱火にかけ、ゆすりながら溶かす。きれいな飴色になったら火を止め、水を少しずつ数回に分けて加える。中火にかけ、ゴムベラで混ぜながらとろみがつくまで煮詰める。温かいうちに耐熱グラスに¼量ずつ入れる。

2 プリン液をレンジで加熱する

熱いうちに混ぜて熱いまま焼くのがポイント！

ボウルに卵を割り入れて泡立て器でほぐし、サラサラの状態にする。耐熱ボウルに牛乳、生クリーム、きび糖を入れ、バニラビーンズをさやからこそげて加え、ラップをかけて電子レンジ（600W）で約2分加熱する。しっかり温まったら熱いうちに溶き卵に加え、手早く混ぜ合わせる。

ここでオーブンを160℃に予熱開始

キャラメルが濃厚。
これがいいんですよ〜。
いっそのこと売ったほうがいい？
と思っちゃうかも（笑）。

3 プリン液を裏ごしする

こしたほうが口当たりがよくなりますからね！

2をこし器（ざるや大きめの茶こしなどでもOK）でこしながら注ぎ口のある容器に移す。オーブンの天板にバットをのせて1のグラスを並べ、プリン液を等分に注ぎ、アルミ箔をふたをするようにかぶせる。

4 オーブンで湯せん焼きにする

3のバットに湯を注ぎ、150℃のオーブンで60〜65分湯せん焼きにする（途中で湯が少なくなったら足し、最後まで湯がなくならないようにする）。粗熱をとり、冷蔵室で2時間以上冷やす。プリンと容器の間にペティナイフなどを差し込んで空気を入れ、器に取り出す。

かぼちゃのうまみとともに、食べごたえがグッと増します

パンプキンプリン

材料：直径15cmの丸型
　〈底が取れないもの〉1台分
卵プリンの材料（P112）
　（バニラビーンズ以外）—— 全量
かぼちゃ（皮つき。種とワタを取る）
　—— 300g

1　卵プリンの作り方1（P112）の手順でキャラメルを作り、
　温かいうちに型に流して底全体に広げる。

2　かぼちゃはラップで包み、電子レンジ（600W）で
　約1分加熱を5回ほど繰り返す。
　やわらかくなったら皮を除き、裏ごしして耐熱ボウルに入れる。

3　2にきび糖を加えて混ぜる。牛乳、生クリームも加え、
　ラップをかけて電子レンジで約2分加熱する。
　熱いうちに卵を溶きほぐして加えて混ぜ、裏ごしする。

4　オーブンの天板にバットをのせ、その上に1をのせて3を注ぎ、
　アルミ箔でふたをする。バットに湯を注ぎ、
　150℃のオーブンで約70分湯せん焼きにする
　（途中で湯が少なくなったら足し、最後まで湯がなくならないようにする）。
　粗熱がとれたら冷蔵室で冷やし、型から取り出す。

紅茶の香りとほのかな渋みを加えて大人味に

ロイヤルミルクティープリン

材料：直径8×高さ7cmの
　耐熱グラス4個分
〈プリン液〉
　水 —— 100g
　紅茶葉 —— 10g
　牛乳 —— 180g
　生クリーム（35％）—— 100g
　きび糖 —— 100g
　卵 —— 6個
〈キャラメル〉
　グラニュー糖 —— 50g
　水 —— 45g

1　卵プリンの作り方1（P112）の手順で
　キャラメルを作り、グラスに注ぐ。

2　プリン液用の水を沸騰させて紅茶葉を入れ、
　火を止めてふたをして5分蒸らす。牛乳、生クリームを加えて
　もう一度沸騰させ、液をこす。紅茶葉をしぼってその液も加え、
　計量して300gにする（足りなければ牛乳を足す）。

3　2にきび糖を加えて混ぜる。
　熱いうちに卵を溶きほぐして加えて混ぜ、裏ごしする。

4　オーブンの天板にバットをのせ、その上に1を並べて3を注ぎ、
　アルミ箔でふたをする。バットに湯を注ぎ、
　150℃のオーブンで約60分湯せん焼きにする
　（途中で湯が少なくなったら足し、最後まで湯がなくならないようにする）。
　粗熱がとれたら冷蔵室で冷やし、型から取り出す。

Chocolate mousse

チョコムース

材料はチョコと生クリームのたった2つだけ。
お菓子作り初心者さんにこそ作ってもらいたい一品です。

江口シェフの作り方なら、 ＞ コレはしなくていい！

チョコは湯せんで 溶かさなくていい！

▼ なぜなら

電子レンジに
まかせましょう！
ラップをかけて
チンするだけです

生クリームはしっかり 泡立てなくていい！

▼ なぜなら

しぼったり、
型から出したりする場合は
しっかり泡立てますが、
今回はグラスで固めるから、
ゆるめが正解

チョコムースの
新しい作り方

材料：約150mlのグラス4個分
ビターチョコレート（67%）── 100g
生クリーム（35%）
　　　── 200g（溶かす用と泡立て用100gずつ）
仕上げ用ビターチョコレート（67%）── 適量

1 チョコレートを
レンジ加熱

耐熱ボウルにチョコレート100gを入れてラップをかけ、電子レンジ（600W）で約30秒加熱して泡立て器で混ぜるを3〜4回繰り返して溶かす。しっかり混ぜ、溶け残りがないか確かめる。

2 温めた生クリームを
加えて混ぜる

生クリームは半量を耐熱容器に入れてラップをかけ（注ぎ口がついている容器が便利）、電子レンジで約1分加熱して温める。1に少し加えて泡立て器で混ぜ、なじんだら残りを加えてよく混ぜる。

たった２つの材料で作れるなんて驚きでしょ？
ふんわりなめらかな
口どけがたまりませんよ！

3 残りの生クリームを 泡立てて混ぜる

生クリームはたらたらと
落ちる程度に泡立てて

残りの生クリームは別の
ボウルに入れ、ハンドミ
キサーで筋が少し残る程
度に泡立てる。2に加
え、ゴムベラで生クリー
ムが見えなくなるまで混
ぜる。

4 グラスにしぼり入れて 冷やし固める

3をしぼり袋に入れ、¼量ずつグラスにしぼ
り出す。冷蔵室で約30分冷やし固め、仕上
げにチョコレートを削ってふりかける。

バニラアイスクリーム

アイスクリーム作りに欠かせない卵も牛乳も、そして砂糖も使いません！
代わりに使うのが生クリームとホワイトチョコレート。
これに練乳をちょっと加え、本格バニラアイス以上の味に仕上げます。

江口シェフの作り方なら、 ≫ コレはしなくていい！

卵黄を 使わなくていい！

▼ なぜなら

ホワイトチョコと
練乳を使うから、
卵黄なしでもコクが出て
味も口当たりも抜群に！

凍らせる途中で 混ぜなくていい！

▼ なぜなら

生クリームを
思いきり泡立てて
空気を含ませておくから、
途中で混ぜて空気を入れる
必要はありません

バニラアイスクリームの新しい作り方

材料：4〜5人分
ホワイトチョコレート ―― 120g
生クリーム（35%） ―― 200g
練乳 ―― 20g

1 チョコレートをレンジで溶かす

ホワイトチョコレートは生クリーム70gとともに耐熱ボウルに入れ、ラップをかけて電子レンジ（600W）で約30秒加熱して泡立て器で混ぜるを4〜5回繰り返す。チョコレートが溶けたらよく混ぜ、冷蔵室で冷やす。

2 生クリームをかたく泡立てる

ここでしっかり空気を含ませることが大切！

別のボウルに残りの生クリームを入れ、ハンドミキサーで思いきりかたく泡立てる（ボソボソになってOK）。

ホワイトチョコレートの多くに含まれる
バニラの香りを生かした新しいレシピ。
想像するより濃厚な味でしょ!?

3 チョコレート液と 生クリームを合わせる

1に練乳を加えて泡立て器でよく混ぜる。2に一気に加え、ゴムベラで混ぜ合わせる。

4 容器に移して 冷やし固める

容器は何でもOK。途中で混ぜなくて大丈夫ですからね!

3を冷凍する容器に移し、冷凍室で2時間以上凍らせる。

The
Arrange

市販のチョコレートシロップを加えるだけでOK

チョコレートアイスクリーム

材料：4〜5人分
ミルクチョコレート（41%）—— 120g
生クリーム（35%）—— 200g
チョコレートシロップ —— 30g

1 バニラアイスクリームの作り方1（P122）の手順で
　ミルクチョコレートに生クリーム70gを加えて電子レンジで溶かし、
　チョコレートシロップを加えて混ぜる。冷蔵室で冷やす。
2 作り方2（P122）と同様に残りの生クリームをかたく泡立てる。
　1と混ぜ合わせ、冷凍室で2時間以上凍らせる。

いちごジャムを混ぜてきれいなマーブル状のアイスに

ストロベリーアイスクリーム

材料：4〜5人分
ホワイトチョコレート —— 100g
生クリーム（35%）—— 200g
いちごジャム —— 200g

1 バニラアイスクリームの作り方1（P122）の手順でホワイトチョコレートに
　生クリーム70gを加えて電子レンジで溶かして混ぜる。冷蔵室で冷やす。
2 作り方2（P122）と同様に残りの生クリームをかたく泡立てる。
　1と混ぜ合わせ、いちごジャムも加えて軽く混ぜ、冷凍室で2時間以上凍らせる。
※ ジャムを加えて混ぜすぎるとジャムの色が残りにくいので、
　マーブル状にとどめましょう。

砕いたクッキーをプラス。大きめに砕くのがおすすめ

ココアクッキーアイスクリーム

材料：4〜5人分
ホワイトチョコレート —— 120g
生クリーム（35%）—— 200g
練乳 —— 20g
市販ココアクッキー —— 適量

1 バニラアイスクリームの作り方1〜4（P122〜123）の手順で
　アイスクリームを作って容器に移す。
2 ココアクッキーを砕いて1に混ぜ、冷凍室で2時間以上凍らせる。

デリーモで人気のパフェ、「ショコラティエ」。
江口シェフの
こだわりポイントを公開!

1

**底には濃厚な味の
ものを**

ブラックベリーのコンフィを
入れ、上から溶け落ちてくる
食材の味を引き締めます。

2

**ダンテルショコラで
食感を出す**

ダンテルショコラは、クラン
チショコラ、ココナッツパウ
ダーとオレンジコンフィ、
70％のビターチョコレート
を混ぜ合わせたもの。チョコ
のコーティングで食感をキー
プさせるのがコツ。

7

**アイス2種は
濃厚な味に**

ブラックベリーコンフィを混
ぜたカカオアイス、カカオパ
ルプコンフィを混ぜたコーヒー
ーのアイスは、冷たくても味
が濃く出る工夫をしています。

8

**再び口どけのいい
クリームで**

再度ショコラトンカクリーム
を2種のアイスが合わさって
いるところにしぼります。

デリーモの看板メニューのパフェのなかでも
カカオの魅力をふんだんに盛り込んだパフェが、「ショコラティエ」です。
収穫されたカカオ豆がチョコレートになるまでの味の変遷を、10種類以上の材料を使って表現しています。
食べ進むうちに材料が混ざり合い、風味や食感が変わり、新たなおいしさが生まれる……。
パフェ作りのこだわりポイントを、工程とともに見て楽しんでもらえたらうれしいです。

3

ジュレで
さわやかな風味を

カカオパルプの果汁で作った
ジュレをのせ、ツルッとした
のどごしをアクセントに。

4

ブラウニーとパフは
味の存在感に

ビターチョコレートで作った
ブラウニー生地をほぐしたも
のと、チョコでコーティング
したパフをのせ、嚙みごたえ
が出ることで味を感じさせや
すく。

5

軽い食感を
メレンゲで

カカオメレンゲはブラウニー
より軽い食感。異なる食感で
食べる楽しさをプラス。

6

口どけのいい
クリームが欠かせない

トンカ豆で香りづけした67
％のビターチョコレートクリ
ーム、「ショコラトンカクリ
ーム」をしぼるのは、油分が
多くて冷えて固まっても口ど
けがよいから。

9

マカロンで味を
想像させる

ビターチョコレートのマカロ
ンをのせ、チョコづくしにマ
カロンを飾ることで脳に味を
訴えかけます。またブラック
ベリーものせ、ショコラのパ
フェに欠かせない苦みの役割
を。

10

かたい食感は上に

香ばしいカカオニブのチュイ
ルとマイクロハーブのアニス
イートをトッピング。かたい
チュイルは異物と思われない
ようにあえて上に。ハーブは
カカオの苗のイメージで、シ
ョコラパフェのストーリーを
作ります。

11

チョコレートカールは
シグネチャー的存在

72％のビターチョコレート
製のチョコレートカールをの
せて躍動感のあるデコレーシ
ョンに。どこから食べたらい
いのか？と思わせるのも狙い
の一つです。

12

金箔で
ゴージャスに

金箔をトッピングして完成！
食べる前に特別感を演出し、
非日常の味わいを堪能しても
らいます。

江口和明（えぐちかずあき）

パティシエ・ショコラティエ。製菓専門学校を卒業後、「渋谷フランセ」を経て、
東京、神戸の高級チョコレート専門店にて研鑽を積む。
ベルギーの老舗ショコラトリー「デルレイ」本店で研修後、他業種の商品開発を経験。
26歳の時にサーヴィスと経営を学ぶべく、株式会社グローバルダイニングへ。
「デカダンスドュショコラ」等、ペイストリー部門を統括。
2013年にデリーモブランドを立ち上げ、東京を中心に8店舗を運営。
SNSでも発信してお菓子の魅力を広めている。

YouTube　youtube.com/@KAZUCHOCOLATE
Instagram　@eguchikazuaki
Twitter　@EguchiKazuaki

「しなくていいこと」がたくさんあった！
新しいお菓子の作り方

2023年1月13日　初版発行
2024年7月30日　6版発行

著者／江口和明

発行者／山下直久

発行／株式会社KADOKAWA
〒102-8177　東京都千代田区富士見2-13-3
電話 0570-002-301（ナビダイヤル）

印刷所／TOPPANクロレ株式会社

●お問い合わせ
https://www.kadokawa.co.jp/（「お問い合わせ」へお進みください）
※内容によっては、お答えできない場合があります。
※サポートは日本国内のみとさせていただきます。
※Japanese text only

定価はカバーに表示してあります。